Inhalt

Ökotechnik auf dem Vormarsch - der Maschinenbau profitiert vom Klimawandel

Kernthesen

Beitrag

Fallbeispiele

Zahlen und Fakten

Weiterführende Literatur

Impressum

Ökotechnik auf dem Vormarsch - der Maschinenbau profitiert vom Klimawandel

Autor GENIOS BranchenWissen: R.Reuter

Kernthesen

- Der Klimawandel weckt Befürchtungen, eröffnet einigen Branchen aber gleichzeitig erhebliche Wachstumschancen.
- Schon heute sind deutsche Unternehmen in vielen Bereichen "grüner Technologie" Weltmarktführer.
- Zu den Profiteuren des Klimawandels zählt auch der Maschinenbau. Dies betrifft insbesondere Photovoltaik- und Windkraft-Unternehmen, aber auch den Werkzeugmaschinenbau und die Hersteller

von Recycling-Anlagen.

Beitrag

Dass der Maschinenbau vom Klimawandel profitieren könnte, liegt nicht unbedingt auf der Hand. Weil deutsche Hersteller aber schon seit Jahren mit den Anforderungen an eine ökologische Produktion vertraut sind, haben sie auf dem Zukunftsmarkt Ökotechnik besondere Wachstumschancen.

Klimawandel eröffnet Wachstumschancen

Die deutsche Wirtschaft hat bei der Ökotechnik schon heute in vielen Bereichen die Nase vorn. Seit der Klimawandel zum Megathema der Weltöffentlichkeit geworden ist, haben sich die Wachstumsaussichten für die regenerative Energiewirtschaft, für Recyclingspezialisten und Müllbeseitiger aber nochmals verbessert. Fachleute erwarten, dass deutsche Unternehmen und ihre Produkte bei der Bewältigung der Klimakrise eine führende Rolle spielen und dabei gute Umsätze machen werden. HWWI-Chef Thomas Straubhaar schlägt angesichts der neuen Lage einen Bogen zur jüngeren politischen Geschichte der Bundesrepublik Deutschland: Lange Zeit habe die Wirtschaft über die Kostenbelastung durch grüne Politik geklagt - jetzt aber komme "die Zeit des Erntens." (1)

Zu den Gewinnern zählt auch der Maschinenbau

Eine aktuelle Studie hat die Branchen ermittelt, die von den zukünftig stärkeren Aufwendungen für den Klimaschutz profitieren werden. Besondere Absatzchancen werden dabei der Industrie zugeschrieben. Zu den erwarteten Nutznießern zählen insbesondere die Branchen Maschinenbau und Elektrotechnik, für die infolge des Klimawandels ein um mehr als zehn Prozent größeres Wachstum prognostiziert wird. Bereits heute stehen diese Branchen bei der Minderung von Energieverbrauch und Treibhausgasemissionen weltweit an führender Stelle, schreiben die Experten. (1)

Gute Aussichten für Zulieferer

Fachleute rechnen damit, dass die Ökotechnik dem Maschinenbau in den nächsten Jahren zu einer

Sonderkonjunktur verhelfen wird. Besonders gefragt seien jetzt Technologien, die den Energieverbrauch mindern, weshalb alle Branchen des Maschinenbaus vom stärkeren Klimaschutz profitieren würden - und besonders die Zulieferer. Ein weiterer Impuls werde vom Gesetz zur Steigerung der Energieeffizienz ausgehen: Viele Firmen müssen ihre Maschinenparks erneuern, um den gesetzlichen Anforderungen gerecht zu werden. (2)

Langjährige Erfahrungen liegen bereits vor

Dabei kann der Maschinenbau auf eine langjährige Erfahrung mit der Entwicklung energiesparender Technik zurückgreifen. Insbesondere für die Hersteller energieintensiver Produkte spielte die Erreichung größtmöglicher Energieeffizienz immer schon eine wichtige Rolle. Eine weitere Sparte, der die Herausforderung durch den Klimawandel besonders zugute kommen wird, sind die Getriebehersteller. Nicht nur in Maschinen und Autos werden Getriebe zukünftig verbaut, sondern insbesondere in Windkraftanlagen. Da die Stromerzeugung durch Windkraft in Deutschland schon seit längerer Zeit boomt, sind die Hersteller solcher Aggregate allerdings ohnehin schon sehr gut ausgelastet. (2)

Einfluss auch auf den Werkzeugmaschinenbau

Höhere Energieeffizienz lässt sich auch durch den Einsatz leichterer Materialien erreichen - was dem Werkzeugmaschinenbau neue Perspektiven eröffnet. Schon heute legen die Automobil- und die Luftfahrtindustrie großen Wert auf möglichst niedriges Gewicht. Um aber besonders leichte Autos bauen zu können, müssen die Firmen irgendwann in neue Werkzeugmaschinen investieren - was der Branche eine gute Auftragslage in Aussicht stellt. (3)

Die Auftragsbücher platzen jetzt schon

Allerdings lässt die Produktionskapazität des Werkzeugmaschinenbaus schon heute kaum noch Spielraum für einen höheren Güterausstoß. Zurzeit liegt die Kapazitätsauslastung bei 94,5 Prozent, womit ein historischer Höchstwert erreicht ist. Immer wieder musste die Produktionsprognose in den vergangenen Monaten nach oben korrigiert werden. Zurzeit beläuft sich der erwartete Produktionszuwachs für das laufende Geschäftsjahr auf 15 Prozent oder rund 12,4 Milliarden Euro. (3)

Deutschland ist in vielen Zukunftsbranchen Weltmarktführer

Insgesamt wird der "grünen Technologie" derzeit eine glänzende Zukunft vorausgesagt. Es wird davon ausgegangen, dass für den Klimaschutz in den kommenden Jahrzehnten ein fünfstelliger Milliarden-Dollar-Betrag aufgebracht werden muss. Der Markt für umweltschonende Technik soll hierdurch in den nächsten zwanzig Jahren um durchschnittlich acht Prozent im Jahr und damit doppelt so schnell wachsen wie die Weltwirtschaft. Der deutschen Wirtschaft wird bescheinigt, dass sie an diesem Aufschwung in besonderer Weise partizipieren wird, weil die Unternehmen in vielen Zukunftsbranchen heute schon den Marktführer stellen. Zu diesen Zukunftsbranchen zählen unter anderen die erneuerbaren Energien, die Abfallwirtschaft und die Biotechnologie. (4)

Fallbeispiele

Bundesregierung will "ökologische Industriepolitik" forcieren

Den Unternehmen kommt zugute, dass auch die Bundesregierung dem Klimaschutz einen hohen Stellenwert einräumt. Sie hat sich eine wesentliche Forcierung ihrer "ökologischen Industriepolitik" auf die Agenda geschrieben. Damit will die Bundesregierung nicht nur ihre ehrgeizigen Klimaschutz-Ziele erreichen, sondern gleichzeitig der heimischen Industrie zu besonderen Chancen auf den Märkten der Zukunft verhelfen. Ehrgeizige Ziele sind bereits formuliert worden. So will die Bundesregierung die Energieeffizienz in Deutschland bis zum Jahr 2020 verdreifachen. Die Wirtschaft hat diese Zielmarke allerdings als überambitioniert zurückgewiesen. (5)

Windkraft im Aufwind...

Am stärksten können vom Klimawandel die Unternehmen profitieren, die mit ihren Produkten direkt dazu beitragen, dass umweltschädliche Emissionen vermieden werden. Zu diesen Hauptprofiteuren gehört die Branche der erneuerbaren Energien. Bisher werden die deutschen Unternehmen mit jährlich wachsenden Milliardenbeträgen subventioniert - zuletzt waren dies 3,2 Milliarden Euro. Die staatliche Förderung hat dazu geführt, dass die deutsche Windkraft- und Solarstrom-Industrie - beide Branchen zählen zum Maschinenbau - weltweit an der Spitze stehen. 5,6 Milliarden Euro hat die Windkraftindustrie im vergangenen Jahr umgesetzt, was einer Steigerung um 40 Prozent gegenüber dem Vorjahr entspricht. Ein weltweit wachsendes Engagement für erneuerbare Energien könnte diese Unternehmen in der Zukunft vom Subventionstropf unabhängig machen. (5)

... und auch die Solarstromindustrie blickt in eine helle Zukunft

Ebenso gut wie die der Windkraftindustrie sind die Zahlen der Photovoltaik-Unternehmen. Ihr Branchenumsatz betrug im Jahr 2006 3,7 Milliarden

Euro. Mit ihren 35 000 Mitarbeitern und einem Weltmarktanteil von 40 Prozent ist sie klarer Weltmarktführer. Ein Drittel des Umsatzes wird im Export verdient, und die Ausfuhren nehmen weiter zu. Die gute Perspektive für die Solarbranche resultiert aus der Prognose, dass der weltweite Bedarf an Solarenergie bis 2020 um jährlich 20 Prozent steigen wird. Schon heute ist der Stellenwert der Photovoltaikunternehmen für die heimische Industrie und den Arbeitsmarkt besonders hoch: Da die Branche stark auf deutsche Zulieferer setzt, verbleiben 70 Prozent der Wertschöpfung im Inland. Durchschnittlich ist die Photovoltaik in der Vergangenheit jährlich um 90 Prozent gewachsen, während die Solarwärme jedes Jahr um 20 Prozent zulegte. (5)

Großindustrie erkennt ihre Chancen

Noch immer ist die regenerative Energiewirtschaft mittelständisch geprägt. Allerdings bemerken inzwischen auch die Großen der Branche, dass sie vom Klimaschutz weitaus stärker profitieren können als bisher. So ist der der größte deutsche Industriekonzern, Siemens, schon heute weltweit führend bei hocheffizienter, konventioneller

Kraftwerktechnik. Zudem produziert der Weltkonzern Windturbinen. (5)

Chinas Umweltprobleme nutzen deutschem Export...

Großes Zukunftspotenzial für grüne Technologie aus Deutschland bietet China. Bisher spielte der Umweltschutz im Reich der Mitte kaum eine Rolle, der Schwerpunkt der Wirtschaftspolitik liegt hier in erster Linie auf schnellem Wachstum. Die Umweltsituation in China ist daher dramatisch schlecht; die Luft in Peking beispielsweise ist so "dick", dass sich Europäer hieran kaum noch gewöhnen können. Erst jetzt setzt in China langsam ein Umdenken ein, die Regierung hat den Kampf gegen Umweltsünder bereits verschärft. Deutsche Ökotechnik hat daher beste Aussichten, auf dem chinesischen Markt künftig noch stärker Fuß zu fassen. Schon erfolgreich in China ist die Anlagenbau Umwelt + Technik (AU+T) in Chemnitz: Das Unternehmen stellt Entsorgungs- und Recyclinganlagen für Elektroschrott und Haushaltsgeräte her. (6)

... insbesondere bei erneuerbaren Energien

Zudem will die chinesische Regierung den Anteil erneuerbarer Energien erhöhen. So soll die aus Windkraftanlagen gewonnene Stromkapazität von derzeit 2 600 auf 30 000 Megawatt gesteigert werden. Weltmarktführer Deutschland produziert mit seinen Windkraftanlagen derzeit 22 000 Megawatt. Hersteller wie die Firma Nordex wittern daher ein Milliardengeschäft - das Unternehmen hat bereits 30 Windräder nach China geliefert. Vor zehn Jahren startete Nordex sein China-Engagement, doch dauerte es seine Zeit, bis die Geschäfte anliefen. Heute lohnt sich die Investition, was insbesondere die Folge eines Gesetzes ist, das die chinesische Regierung im vergangenen Jahr verabschiedet hat: Ab 2010 müssen alle Stromerzeuger des Landes mindestens fünf Prozent ihres Stroms aus erneuerbaren Energiequellen produzieren. (6)

Zahlen & Fakten

Gegenstimmen: Kritik am Werkzeugmaschinenbau

Nicht alle Wirtschaftskommentatoren sehen die Energiebilanz des Werkzeugmaschinenbaus heute schon als positiv an. Gerade in der metallbearbeitenden Fertigung sei das Energiebewusstsein noch nicht sehr stark ausgeprägt, wird kritisiert. Neben anderen Teilbranchen gerät zunehmend die Werkzeugmaschine ins Visier der Verschwendungskritiker. Eine Umfrage der Kreditanstalt für Wiederaufbau (KfW) aus dem Jahr 2005 ergab, dass rund 34 Prozent der über 500 befragten Unternehmen keine Notwendigkeit sahen, sich mit dem Thema Energieeffizienz auch nur zu beschäftigen. Dabei wurde deutlich, dass die wenigsten Unternehmen über ihre Energiekosten genau Bescheid wissen, weshalb sie auch über mögliche Einsparpotenziale kaum im Bilde sind. Oft sind es nicht High-Tech-Maschinen, die sich als Stromfresser erweisen, sondern herkömmliche Geräte wie etwa Pumpen, Ventilatoren und Klimaanlagen. (7)

+Branchenverband hat einen neuen Präsidenten

Der Verband deutscher Maschinen und Anlagenbau (VDMA) hat einen neuen Präsidenten. Manfred Wittenstein wurde für drei Jahre gewählt und will sich insbesondere für den Produktionsstandort

Deutschland einsetzen. Seiner Ansicht nach müssen die Unternehmen hierzulande deutlich intelligenter produzieren und innovativer werden, wenn die Produktion in Deutschland gehalten werden soll. Zudem hat er es sich zum Ziel gesetzt, Forschung und Produktion näher zueinander zu bringen und die Firmen auch untereinander stärker zu vernetzen. (8)

Weiterführende Literatur

(1) Deutschland profitiert vom Klimawandel
Bundesrepublik laut Studie führend in milliardenschweren Zukunftsmärkten · Starke Unterschiede zwischen Branchen
aus Financial Times Deutschland vom 09.10.2007, Seite 18

(2) Energiesparen beschert gute Geschäfte
aus Handelsblatt Nr. 193 vom 08.10.07 Seite b01

(3) Klimaschutz ist auch im Werkzeugmaschinenbau angekommen
aus Frankfurter Allgemeine Zeitung, 17.09.2007, Nr. 216, S. 16

(4) "Großes Stück vom Klimakuchen"
aus Frankfurter Allgemeine Zeitung, 10.10.2007, Nr. 235, S. 12

(5) Die Industrie als Profiteur der Klimapolitik
aus Neue Zürcher Zeitung 17.08.2007, Nr. 189, S. 25

(6) Saubere Perspektive
aus WirtschaftsWoche Sonderausgabe China NR. 001
VOM 01.10.2007 SEITE 042

(7) ERSCHRECKENDE ERKENNTNISSE
aus fertigung, Heft 7-8/2007, S. 6-11

(8) Ein Porsche-Fan macht Maschinenbauern Tempo
aus Handelsblatt Nr. 193 vom 08.10.07 Seite 19

Impressum

Ökotechnik auf dem Vormarsch - der Maschinenbau profitiert vom Klimawandel

Bibliografische Information der deutschen Nationalbibliothek

Die Deutsche Nationalbibliothek verzeichnet diese Publikation in der deutschen Nationalbibliografie; detaillierte bibliografische Daten sind im Internet über http://dnb.d-nb.de abrufbar.

ISBN: 978-3-7379-2607-2

© 2015 GBI-Genios Deutsche Wirtschaftsdatenbank GmbH, Freischützstraße 96, 81927 München, www.genios.de

Alle Rechte vorbehalten. Dieses Werk ist einschließlich aller seiner Teile – z.B. Texte, Tabellen und Grafiken - urheberrechtlich geschützt. Jede Verwertung außerhalb der Grenzen des Urheberrechtsgesetzes bedarf der vorherigen Zustimmung des Verlags. Dies gilt insbesondere auch für auszugsweise Nachdrucke, fotomechanische

Vervielfältigungen (Fotokopie/Mikroskopie), Übersetzungen, Auswertungen durch Datenbanken oder ähnliche Einrichtungen und die Einspeicherung und Verarbeitung in elektronischen Systemen.